# TRANZLATY
## El idioma es para todos
Sproget er for alle

# La Bella y la Bestia

# Skønheden og Udyret

Gabrielle-Suzanne Barbot de Villeneuve

Español / Dansk

Copyright © 2025 Tranzlaty
All rights reserved
Published by Tranzlaty
ISBN: 978-1-80572-075-1
Original text by Gabrielle-Suzanne Barbot de Villeneuve
La Belle et la Bête
First published in French in 1740
Taken from The Blue Fairy Book (Andrew Lang)
Illustration by Walter Crane
**www.tranzlaty.com**

**Había una vez un rico comerciante**
Der var engang en rig købmand
**Este rico comerciante tuvo seis hijos.**
denne rige købmand havde seks børn
**Tenía tres hijos y tres hijas.**
han havde tre sønner og tre døtre
**No escatimó en gastos para su educación**
han sparede ingen omkostninger for deres uddannelse
**Porque era un hombre sensato**
fordi han var en mand med forstand
**pero dio a sus hijos muchos siervos**
men han gav sine Børn mange Tjenere
**Sus hijas eran extremadamente bonitas**
hans døtre var meget smukke
**Y su hija menor era especialmente bonita.**
og hans yngste datter var særlig smuk
**Desde niña ya admiraban su belleza**
som barn var hendes skønhed allerede beundret
**y la gente la llamaba por su belleza**
og folket kaldte hende for hendes skønhed
**Su belleza no se desvaneció a medida que envejecía.**
hendes skønhed forsvandt ikke, da hun blev ældre
**Así que la gente seguía llamándola por su belleza.**
så folk blev ved med at kalde hende for hendes skønhed
**Esto puso muy celosas a sus hermanas.**
det gjorde hendes søstre meget jaloux
**Las dos hijas mayores tenían mucho orgullo.**
de to ældste døtre havde en stor stolthed
**Su riqueza era la fuente de su orgullo.**
deres rigdom var kilden til deres stolthed
**y tampoco ocultaron su orgullo**
og de lagde heller ikke skjul på deres stolthed
**No visitaron a las hijas de otros comerciantes.**
de besøgte ikke andre købmandsdøtre
**Porque sólo se encuentran con la aristocracia.**
fordi de kun mødes med aristokrati

**Salían todos los días a fiestas.**
de gik ud hver dag til fester
**bailes, obras de teatro, conciertos, etc.**
baller, skuespil, koncerter og så videre
**y se rieron de su hermana menor**
og de lo af deres yngste søster
**Porque pasaba la mayor parte del tiempo leyendo**
fordi hun brugte det meste af sin tid på at læse
**Era bien sabido que eran ricos**
det var velkendt, at de var velhavende
**Así que varios comerciantes eminentes pidieron su mano.**
så adskillige fremtrædende købmænd bad om deres hånd
**pero dijeron que no se iban a casar**
men de sagde, at de ikke ville giftes
**Pero estaban dispuestos a hacer algunas excepciones.**
men de var parate til at gøre nogle undtagelser
**"Quizás podría casarme con un duque"**
"måske kunne jeg gifte mig med en hertug"
**"Supongo que podría casarme con un conde"**
"Jeg tror, jeg kunne gifte mig med en jarl"
**Bella agradeció muy civilizadamente a quienes le propusieron matrimonio.**
skønhed takkede meget borgerligt dem, der friede til hende
**Ella les dijo que todavía era demasiado joven para casarse.**
hun fortalte dem, at hun stadig var for ung til at gifte sig
**Ella quería quedarse unos años más con su padre.**
hun ville blive et par år mere hos sin far
**De repente el comerciante perdió su fortuna.**
Med det samme mistede købmanden sin formue
**Lo perdió todo excepto una pequeña casa de campo.**
han mistede alt bortset fra et lille landsted
**Y con lágrimas en los ojos les dijo a sus hijos:**
og han sagde til sine børn med tårer i øjnene:
**"Tenemos que ir al campo"**
"vi skal på landet"
**"y debemos trabajar para vivir"**

"og vi skal arbejde for vores levebrød"
**Las dos hijas mayores no querían abandonar el pueblo.**
de to ældste døtre ville ikke forlade byen
**Tenían varios amantes en la ciudad.**
de havde flere elskere i byen
**y estaban seguros de que uno de sus amantes se casaría con ellos**
og de var sikre på, at en af deres elskere ville gifte sig med dem
**Pensaban que sus amantes se casarían con ellos incluso sin fortuna.**
de troede, at deres elskere ville gifte sig med dem selv uden formue
**Pero las buenas damas estaban equivocadas.**
men de gode damer tog fejl
**Sus amantes los abandonaron muy rápidamente**
deres elskere forlod dem meget hurtigt
**porque ya no tenían fortuna**
fordi de ikke havde nogen formuer mere
**Esto demostró que en realidad no eran muy queridos.**
dette viste, at de faktisk ikke var vellidte
**Todos dijeron que no merecían compasión.**
alle sagde, at de ikke fortjener at blive medliden
**"Nos alegra ver su orgullo humillado"**
"vi er glade for at se deres stolthed ydmyget"
**"Que se sientan orgullosos de ordeñar vacas"**
"lad dem være stolte af at malke køer"
**Pero estaban preocupados por Bella.**
men de var bekymrede for skønhed
**Ella era una criatura tan dulce**
hun var sådan et sødt væsen
**Ella hablaba tan amablemente a la gente pobre.**
hun talte så venligt til fattige mennesker
**Y ella era de una naturaleza tan inocente.**
og hun var af sådan en uskyldig natur
**Varios caballeros se habrían casado con ella.**

Flere herrer ville have giftet sig med hende
**Se habrían casado con ella aunque fuera pobre**
de ville have giftet sig med hende, selvom hun var fattig
**pero ella les dijo que no podía casarlos**
men hun fortalte dem, at hun ikke kunne gifte sig med dem
**porque ella no dejaría a su padre**
fordi hun ikke ville forlade sin far
**Ella estaba decidida a ir con él al campo.**
hun var fast besluttet på at tage med ham på landet
**para que ella pudiera consolarlo y ayudarlo**
så hun kunne trøste og hjælpe ham
**La pobre belleza estaba muy triste al principio.**
Den stakkels skønhed var meget bedrøvet i begyndelsen
**Ella estaba afligida por la pérdida de su fortuna.**
hun var bedrøvet over tabet af sin formue
**"Pero llorar no cambiará mi suerte"**
"men at græde vil ikke ændre min formue"
**"Debo intentar ser feliz sin riquezas"**
"Jeg må prøve at gøre mig selv lykkelig uden rigdom"
**Llegaron a su casa de campo**
de kom til deres landsted
**y el comerciante y sus tres hijos se dedicaron a la agricultura**
og købmanden og hans tre sønner gav sig til at dyrke landbrug
**Bella se levantó a las cuatro de la mañana.**
skønhed steg klokken fire om morgenen
**y se apresuró a limpiar la casa**
og hun skyndte sig at gøre huset rent
**y se aseguró de que la cena estuviera lista**
og hun sørgede for, at aftensmaden var klar
**Al principio encontró su nueva vida muy difícil.**
i begyndelsen fandt hun sit nye liv meget svært
**porque no estaba acostumbrada a ese tipo de trabajo**
fordi hun ikke havde været vant til et sådant arbejde
**Pero en menos de dos meses se hizo más fuerte.**
men på mindre end to måneder blev hun stærkere

**Y ella estaba más sana que nunca.**
og hun var sundere end nogensinde før
**Después de haber hecho su trabajo, leyó**
efter at hun havde gjort sit arbejde læste hun
**Ella tocaba el clavicémbalo**
hun spillede på cembalo
**o cantaba mientras hilaba seda**
eller hun sang, mens hun spinde silke
**Por el contrario, sus dos hermanas no sabían cómo pasar el tiempo.**
tværtimod vidste hendes to søstre ikke, hvordan de skulle bruge deres tid
**Se levantaron a las diez y no hicieron nada más que holgazanear todo el día.**
de stod op klokken ti og lavede ikke andet end at dase hele dagen
**Lamentaron la pérdida de sus hermosas ropas.**
de beklagede tabet af deres fine klæder
**y se quejaron de perder a sus conocidos**
og de klagede over at miste deres bekendte
**"Mirad a nuestra hermana menor", se dijeron.**
"Se på vores yngste søster," sagde de til hinanden
**"¡Qué criatura tan pobre y estúpida es!"**
"sikke et fattigt og dumt væsen hun er"
**"Es mezquino contentarse con tan poco"**
"det er ondt at være tilfreds med så lidt"
**El amable comerciante tenía una opinión muy diferente.**
den venlige købmand var af en helt anden mening
**Él sabía muy bien que Bella eclipsaba a sus hermanas.**
han vidste godt, at skønheden overstrålede hendes søstre
**Ella los eclipsó tanto en carácter como en mente.**
hun overstrålede dem i karakter såvel som sind
**Él admiraba su humildad y su arduo trabajo.**
han beundrede hendes ydmyghed og hendes hårde arbejde
**Pero sobre todo admiraba su paciencia.**
men mest af alt beundrede han hendes tålmodighed

**Sus hermanas le dejaron todo el trabajo por hacer.**
hendes søstre efterlod hende alt arbejdet at udføre
**y la insultaban a cada momento**
og de fornærmede hende hvert øjeblik
**La familia había vivido así durante aproximadamente un año.**
Familien havde levet sådan i omkring et år
**Entonces el comerciante recibió una carta de un contable.**
så fik købmanden et brev fra en bogholder
**Tenía una inversión en un barco.**
han havde en investering i et skib
**y el barco había llegado sano y salvo**
og skibet var kommet sikkert frem
**Esta noticia hizo que las dos hijas mayores se volvieran locas.**
t hans nyhed vendte hovedet på de to ældste døtre
**Inmediatamente tuvieron esperanzas de regresar a la ciudad.**
de havde straks håb om at vende tilbage til byen
**Porque estaban bastante cansados de la vida en el campo.**
fordi de var ret trætte af livet på landet
**Fueron a ver a su padre cuando él se iba.**
de gik til deres far, da han var på vej
**Le rogaron que les comprara ropa nueva**
de bad ham købe nyt tøj til dem
**Vestidos, cintas y todo tipo de cositas.**
kjoler, bånd og alle mulige småting
**Pero Bella no pedía nada.**
men skønheden bad om intet
**Porque pensó que el dinero no sería suficiente.**
fordi hun troede, at pengene ikke ville række
**No habría suficiente para comprar todo lo que sus hermanas querían.**
der ville ikke være nok til at købe alt, hvad hendes søstre ville have
**- ¿Qué te gustaría, Bella? -preguntó su padre.**
"Hvad vil du have, skønhed?" spurgte hendes far

"Gracias, padre, por la bondad de pensar en mí", dijo.
"tak, far, for godheden at tænke på mig," sagde hun
**"Padre, ten la amabilidad de traerme una rosa"**
"far, vær så venlig at bringe mig en rose"
**"Porque aquí en el jardín no crecen rosas"**
"for der vokser ingen roser her i haven"
**"y las rosas son una especie de rareza"**
"og roser er en slags sjældenhed"
**A Bella realmente no le importaban las rosas**
skønhed brød sig ikke rigtig om roser
**Ella solo pidió algo para no condenar a sus hermanas.**
hun bad kun om noget for ikke at fordømme sine søstre
**Pero sus hermanas pensaron que ella pidió rosas por otros motivos.**
men hendes søstre mente, at hun bad om roser af andre grunde
**"Lo hizo sólo para parecer especial"**
"hun gjorde det bare for at se bestemt ud"
**El hombre amable continuó su viaje.**
Den venlige mand gik på sin rejse
**pero cuando llego discutieron sobre la mercancia**
men da han kom, skændtes de om varen
**Y después de muchos problemas volvió tan pobre como antes.**
og efter megen besvær kom han tilbage så fattig som før
**Estaba a un par de horas de su propia casa.**
han var inden for et par timer fra sit eget hus
**y ya imaginaba la alegría de ver a sus hijos**
og han forestillede sig allerede glæden ved at se sine børn
**pero al pasar por el bosque se perdió**
men da han gik gennem skoven, gik han vild
**Llovió y nevó terriblemente**
det regnede og sneede frygteligt
**El viento era tan fuerte que lo arrojó del caballo.**
vinden var så stærk, at den kastede ham af hesten
**Y la noche se acercaba rápidamente**

og natten kom hurtigt
**Empezó a pensar que podría morir de hambre.**
han begyndte at tænke på, at han kunne sulte
**y pensó que podría morir congelado**
og han troede, at han kunde fryse ihjel
**y pensó que los lobos podrían comérselo**
og han troede, at ulve kunne æde ham
**Los lobos que oía aullar a su alrededor**
ulvene, som han hørte hyle rundt om sig
**Pero de repente vio una luz.**
men pludselig så han et lys
**Vio la luz a lo lejos entre los árboles.**
han så lyset på afstand gennem træerne
**Cuando se acercó vio que la luz era un palacio.**
da han kom nærmere, så han, at lyset var et palads
**El palacio estaba iluminado de arriba a abajo.**
paladset var oplyst fra top til bund
**El comerciante agradeció a Dios por su suerte.**
købmanden takkede Gud for hans held
**y se apresuró a ir al palacio**
og han skyndte sig til slottet
**Pero se sorprendió al no ver gente en el palacio.**
men han var overrasket over at se ingen mennesker i paladset
**El patio estaba completamente vacío.**
gårdspladsen var helt tom
**y no había señales de vida en ninguna parte**
og der var ingen tegn på liv nogen steder
**Su caballo lo siguió hasta el palacio.**
hans hest fulgte ham ind i paladset
**y luego su caballo encontró un gran establo**
og så fandt hans hest stor stald
**El pobre animal estaba casi muerto de hambre.**
det stakkels dyr var næsten udsultet
**Entonces su caballo fue a buscar heno y avena.**
så hans hest gik ind for at finde hø og havre
**Afortunadamente encontró mucho para comer.**

heldigvis fandt han rigeligt at spise
**y el mercader ató su caballo al pesebre**
og købmanden bandt sin hest til krybben
**Caminando hacia la casa no vio a nadie.**
da han gik hen mod huset, så han ingen
**Pero en un gran salón encontró un buen fuego.**
men i en stor hal fandt han en god ild
**y encontró una mesa puesta para uno**
og han fandt et bord dækket til en
**Estaba mojado por la lluvia y la nieve.**
han var våd af regn og sne
**Entonces se acercó al fuego para secarse.**
så han gik hen til ilden for at tørre sig
**"Espero que el dueño de la casa me disculpe"**
"Jeg håber, at husets herre vil undskylde mig"
**"Supongo que no tardará mucho en aparecer alguien"**
"Jeg formoder, at det ikke tager lang tid, før nogen dukker op"
**Esperó un tiempo considerable**
Han ventede længe
**Esperó hasta que dieron las once y todavía no venía nadie.**
han ventede til klokken slog elleve, og der kom stadig ingen
**Al final tenía tanta hambre que no podía esperar más.**
til sidst var han så sulten, at han ikke kunne vente mere
**Tomó un poco de pollo y se lo comió en dos bocados.**
han tog noget kylling og spiste det i to mundfulde
**Estaba temblando mientras comía la comida.**
han rystede, mens han spiste maden
**Después de esto bebió unas copas de vino.**
herefter drak han et par glas vin
**Cada vez más valiente, salió del salón.**
da han blev modigere, gik han ud af salen
**y atravesó varios grandes salones**
og han krydsede flere store sale
**Caminó por el palacio hasta llegar a una cámara.**
han gik gennem paladset, indtil han kom ind i et kammer
**Una habitación que tenía una cama muy buena.**

et kammer, som havde en overordentlig god seng i sig
**Estaba muy fatigado por su terrible experiencia.**
han var meget træt af sin prøvelse
**Y ya era pasada la medianoche**
og klokken var allerede over midnat
**Entonces decidió que era mejor cerrar la puerta.**
så han besluttede, at det var bedst at lukke døren
**y concluyó que debía irse a la cama**
og han konkluderede, at han skulle gå i seng
**Eran las diez de la mañana cuando el comerciante se despertó.**
Klokken var ti om morgenen, da købmanden vågnede
**Justo cuando iba a levantarse vio algo**
lige da han skulle rejse sig, så han noget
**Se sorprendió al ver un conjunto de ropa limpia.**
han var forbavset over at se et rent sæt tøj
**En el lugar donde había dejado su ropa sucia.**
på det sted, hvor han havde efterladt sit snavsede tøj
**"Seguramente este palacio pertenece a algún tipo de hada"**
"Dette palads tilhører bestemt en slags fe"
**" Un hada que me ha visto y se ha compadecido de mí"**
" en fe, der har set og haft ondt af mig"
**Miró por una ventana**
han kiggede gennem et vindue
**Pero en lugar de nieve vio el jardín más delicioso.**
men i stedet for sne så han den dejligste have
**Y en el jardín estaban las rosas más hermosas.**
og i haven var de smukkeste roser
**Luego regresó al gran salón.**
han vendte så tilbage til den store sal
**El salón donde había tomado sopa la noche anterior.**
salen, hvor han havde fået suppe aftenen før
**y encontró un poco de chocolate en una mesita**
og han fandt noget chokolade på et lille bord
**"Gracias, buena señora hada", dijo en voz alta.**
"Tak, gode Madam Fairy," sagde han højt

"Gracias por ser tan cariñoso"
"tak fordi du er så omsorgsfuld"
"Le estoy sumamente agradecido por todos sus favores"
"Jeg er yderst taknemmelig over for dig for alle dine tjenester"
**El hombre amable bebió su chocolate.**
den venlige mand drak sin chokolade
**y luego fue a buscar su caballo**
og så gik han for at lede efter sin hest
**Pero en el jardín recordó la petición de Bella.**
men i haven huskede han skønhedens anmodning
**y cortó una rama de rosas**
og han skar en gren af roser af
**Inmediatamente oyó un gran ruido**
straks hørte han en stor larm
**y vio una bestia terriblemente espantosa**
og han så et frygteligt dyr
**Estaba tan asustado que estaba a punto de desmayarse.**
han var så bange, at han var klar til at besvime
**-Eres muy desagradecido -le dijo la bestia.**
"Du er meget utaknemmelig," sagde udyret til ham
**Y la bestia habló con voz terrible**
og dyret talte med en frygtelig røst
**"Te he salvado la vida al permitirte entrar en mi castillo"**
"Jeg har reddet dit liv ved at give dig adgang til mit slot"
**"¿Y a cambio me robas mis rosas?"**
"og for dette stjæler du mine roser til gengæld?"
**"Las rosas que valoro más que nada"**
"Roserne, som jeg værdsætter mere end noget"
**"Pero morirás por lo que has hecho"**
"men du skal dø for det du har gjort"
**"Sólo te doy un cuarto de hora para que te prepares"**
"Jeg giver dig kun et kvarter til at forberede dig"
**"Prepárate para la muerte y di tus oraciones"**
"gør dig klar til døden og bed dine bønner"
**El comerciante cayó de rodillas**
købmanden faldt på knæ

**y alzó ambas manos**
og han løftede begge sine hænder
**"Mi señor, le ruego que me perdone"**
"Min herre, jeg beder dig tilgive mig"
**"No tuve intención de ofenderte"**
"Jeg havde ikke til hensigt at fornærme dig"
**"Recogí una rosa para una de mis hijas"**
"Jeg samlede en rose til en af mine døtre"
**"Ella me pidió que le trajera una rosa"**
"hun bad mig om at bringe hende en rose"
**-No soy tu señor, pero soy una bestia -respondió el monstruo.**
"Jeg er ikke din herre, men jeg er et udyr," svarede monsteret
**"No me gustan los cumplidos"**
"Jeg elsker ikke komplimenter"
**"Me gusta la gente que habla como piensa"**
"Jeg kan godt lide folk, der taler, som de tror"
**"No creas que me puedo conmover con halagos"**
"forestil dig ikke, at jeg kan blive rørt af smiger"
**"Pero dices que tienes hijas"**
"Men du siger, du har fået døtre"
**"Te perdonaré con una condición"**
"Jeg vil tilgive dig på én betingelse"
**"Una de tus hijas debe venir voluntariamente a mi palacio"**
"en af dine døtre må gerne komme til mit palads"
**"y ella debe sufrir por ti"**
"og hun må lide for dig"
**"Déjame tener tu palabra"**
"Lad mig få dit ord"
**"Y luego podrás continuar con tus asuntos"**
"og så kan du gå i gang med din virksomhed"
**"Prométeme esto:"**
"Lov mig dette:"
**"Si tu hija se niega a morir por ti, deberás regresar dentro de tres meses"**
"hvis din datter nægter at dø for dig, skal du vende tilbage

inden for tre måneder"
**El comerciante no tenía intenciones de sacrificar a sus hijas.**
købmanden havde ingen intentioner om at ofre sine døtre
**Pero, como le habían dado tiempo, quiso volver a ver a sus hijas.**
men da han fik Tid, vilde han endnu engang se sine Døtre
**Así que prometió que volvería.**
så han lovede at vende tilbage
**Y la bestia le dijo que podía partir cuando quisiera.**
og udyret sagde til ham, at han måtte drage af sted, når det ville
**y la bestia le dijo una cosa más**
og udyret fortalte ham en ting mere
**"No te irás con las manos vacías"**
"du skal ikke gå tomhændet"
**"Vuelve a la habitación donde yacías"**
"gå tilbage til rummet hvor du lå"
**"Verás un gran cofre del tesoro vacío"**
"du vil se en stor tom skattekiste"
**"Llena el cofre del tesoro con lo que más te guste"**
"fyld skattekisten med hvad du bedst kan lide"
**"y enviaré el cofre del tesoro a tu casa"**
"og jeg sender skattekisten til dit hjem"
**Y al mismo tiempo la bestia se retiró.**
og i det samme trak dyret sig tilbage
**"Bueno", se dijo el buen hombre.**
"Nå," sagde den gode mand til sig selv
**"Si tengo que morir, al menos dejaré algo a mis hijos"**
"hvis jeg skal dø, skal jeg i det mindste efterlade noget til mine børn"
**Así que regresó al dormitorio.**
så han vendte tilbage til sengekammeret
**y encontró una gran cantidad de piezas de oro**
og han fandt mange guldstykker
**Llenó el cofre del tesoro que la bestia había mencionado.**
han fyldte den skattekiste, som dyret havde nævnt

**y sacó su caballo del establo**
og han tog sin hest ud af stalden
**La alegría que sintió al entrar al palacio ahora era igual al dolor que sintió al salir de él.**
den glæde, han følte, da han gik ind i paladset, var nu lig med den sorg, han følte ved at forlade det
**El caballo tomó uno de los caminos del bosque.**
hesten tog en af skovens veje
**Y en pocas horas el buen hombre estaba en casa.**
og om et par timer var den gode mand hjemme
**Sus hijos vinieron a él**
hans børn kom til ham
**Pero en lugar de recibir sus abrazos con placer, los miró.**
men i stedet for at modtage deres omfavnelser med glæde, så han på dem
**Levantó la rama que tenía en sus manos.**
han holdt den gren op, han havde i hænderne
**y luego estalló en lágrimas**
og så brast han i gråd
**"Belleza", dijo, "por favor toma estas rosas".**
"skønhed," sagde han, "tak venligst disse roser"
**"No puedes saber lo costosas que han sido estas rosas"**
"du kan ikke vide, hvor dyre disse roser har været"
**"Estas rosas le han costado la vida a tu padre"**
"disse roser har kostet din far livet"
**Y luego contó su fatal aventura.**
og så fortalte han om sit fatale eventyr
**Inmediatamente las dos hermanas mayores gritaron.**
straks råbte de to ældste søstre
**y le dijeron muchas cosas malas a su hermosa hermana**
og de sagde mange slemme ting til deres smukke søster
**Pero Bella no lloró en absoluto.**
men skønheden græd slet ikke
**"Mirad el orgullo de ese pequeño desgraciado", dijeron.**
"Se på den lille stakkels stolthed," sagde de
**"ella no pidió ropa fina"**

"hun bad ikke om fint tøj"
**"Ella debería haber hecho lo que hicimos"**
"hun skulle have gjort, hvad vi gjorde"
**"ella quería distinguirse"**
"hun ville udmærke sig"
**"Así que ahora ella será la muerte de nuestro padre"**
"så nu vil hun være vores fars død"
**"Y aún así no derrama ni una lágrima"**
"og alligevel fælder hun ikke en tåre"
**"¿Por qué debería llorar?" respondió Bella**
"Hvorfor skulle jeg græde?" svarede skønhed
**"Llorar sería muy innecesario"**
"det ville være meget unødvendigt at græde"
**"mi padre no sufrirá por mí"**
"min far vil ikke lide for mig"
**"El monstruo aceptará a una de sus hijas"**
"monstret vil acceptere en af sine døtre"
**"Me ofreceré a toda su furia"**
"Jeg vil ofre mig til al hans vrede"
**"Estoy muy feliz, porque mi muerte salvará la vida de mi padre"**
"Jeg er meget glad, for min død vil redde min fars liv"
**"mi muerte será una prueba de mi amor"**
"min død vil være et bevis på min kærlighed"
**-No, hermana -dijeron sus tres hermanos.**
"Nej, søster," sagde hendes tre brødre
**"Eso no será"**
"det skal ikke være"
**"Iremos a buscar al monstruo"**
"vi skal finde monsteret"
**"y o lo matamos..."**
"og enten slår vi ham ihjel..."
**"...o pereceremos en el intento"**
"... ellers går vi til grunde i forsøget"
**"No imaginéis tal cosa, hijos míos", dijo el mercader.**
"Forestil dig ikke noget sådant, mine sønner," sagde

købmanden
**"El poder de la bestia es tan grande que no tengo esperanzas de que puedas vencerlo"**
"dyrets magt er så stor, at jeg ikke har noget håb om, at du kunne overvinde ham"
**"Estoy encantado con la amable y generosa oferta de Bella"**
"Jeg er charmeret over skønhedens venlige og generøse tilbud"
**"pero no puedo aceptar su generosidad"**
"men jeg kan ikke acceptere hendes generøsitet"
**"Soy viejo y no me queda mucho tiempo de vida"**
"Jeg er gammel, og jeg har ikke længe at leve"
**"Así que sólo puedo perder unos pocos años"**
"så jeg kan kun tabe et par år"
**"Tiempo que lamento por vosotros, mis queridos hijos"**
"tid, som jeg fortryder for jer, mine kære børn"
**"Pero padre", dijo Bella**
"Men far," sagde skønhed
**"No irás al palacio sin mí"**
"du må ikke gå til paladset uden mig"
**"No puedes impedir que te siga"**
"du kan ikke forhindre mig i at følge dig"
**Nada podría convencer a Bella de lo contrario.**
intet kunne overbevise skønhed ellers
**Ella insistió en ir al bello palacio.**
hun insisterede på at tage til det fine palads
**y sus hermanas estaban encantadas con su insistencia**
og hendes søstre var henrykte over hendes insisteren
**El comerciante estaba preocupado ante la idea de perder a su hija.**
Købmanden var bekymret ved tanken om at miste sin datter
**Estaba tan preocupado que se había olvidado del cofre lleno de oro.**
han var så bekymret, at han havde glemt kisten fuld af guld
**Por la noche se retiró a descansar y cerró la puerta de su habitación.**
om natten trak han sig tilbage for at hvile, og han lukkede sin

kammerdør
**Entonces, para su gran asombro, encontró el tesoro junto a su cama.**
så fandt han til sin store forbavselse skatten ved sin seng
**Estaba decidido a no contárselo a sus hijos.**
han var fast besluttet på ikke at fortælle det til sine børn
**Si lo supieran, hubieran querido regresar al pueblo.**
hvis de vidste det, ville de have ønsket at vende tilbage til byen
**y estaba decidido a no abandonar el campo**
og han var fast besluttet på ikke at forlade landet
**Pero él confió a Bella el secreto.**
men han betroede skønheden med hemmeligheden
**Ella le informó que dos caballeros habían llegado.**
hun meddelte ham, at der var kommet to herrer
**y le hicieron propuestas a sus hermanas**
og de stillede forslag til hendes søstre
**Ella le rogó a su padre que consintiera su matrimonio.**
hun tryglede sin far om at samtykke til deres ægteskab
**y ella le pidió que les diera algo de su fortuna**
og hun bad ham give dem noget af sin formue
**Ella ya los había perdonado.**
hun havde allerede tilgivet dem
**Las malvadas criaturas se frotaron los ojos con cebollas.**
de onde skabninger gned deres øjne med løg
**Para forzar algunas lágrimas cuando se separaron de su hermana.**
at tvinge nogle tårer, da de skiltes med deres søster
**Pero sus hermanos realmente estaban preocupados.**
men hendes brødre var virkelig bekymrede
**Bella fue la única que no derramó ninguna lágrima.**
skønhed var den eneste, der ikke fældede nogen tårer
**Ella no quería aumentar su malestar.**
hun ønskede ikke at øge deres uro
**El caballo tomó el camino directo al palacio.**
hesten tog den direkte vej til paladset

**y hacia la tarde vieron el palacio iluminado**
og henimod aften så de det oplyste palads
**El caballo volvió a entrar solo en el establo.**
hesten tog sig selv ind i stalden igen
**Y el buen hombre y su hija entraron en el gran salón.**
og den gode mand og hans datter gik ind i den store sal
**Aquí encontraron una mesa espléndidamente servida.**
her fandt de et flot serveret bord
**El comerciante no tenía apetito para comer**
købmanden havde ingen lyst til at spise
**Pero Bella se esforzó por parecer alegre.**
men skønheden søgte at fremstå munter
**Ella se sentó a la mesa y ayudó a su padre.**
hun satte sig ved bordet og hjalp sin far
**Pero también pensó para sí misma:**
men hun tænkte også ved sig selv:
"**La bestia seguramente quiere engordarme antes de comerme**"
"dyret vil helt sikkert fede mig, før det spiser mig"
"**Por eso ofrece tanto entretenimiento**"
"det er derfor, han giver så rigelig underholdning"
**Después de haber comido oyeron un gran ruido.**
efter at de havde spist, hørte de en stor larm
**Y el comerciante se despidió de su desdichado hijo con lágrimas en los ojos.**
og købmanden tog afsked med sit ulykkelige barn med tårer i øjnene
**Porque sabía que la bestia venía**
fordi han vidste, at udyret kom
**Bella estaba aterrorizada por su horrible forma.**
skønheden var rædselsslagen over hans rædselsfulde skikkelse
**Pero ella tomó coraje lo mejor que pudo.**
men hun tog Mod til sig, saa godt hun kunde
**Y el monstruo le preguntó si venía voluntariamente.**
og uhyret spurgte hende, om hun kom villigt

-Sí, he venido voluntariamente -dijo temblando.
"Ja, jeg er kommet gerne," sagde hun skælvende
**La bestia respondió: "Eres muy bueno"**
udyret svarede: "Du er meget god"
**"Y te lo agradezco mucho, hombre honesto"**
"og jeg er dig meget taknemmelig, ærlig mand"
**"Continuad vuestro camino mañana por la mañana"**
"gå dine veje i morgen tidlig"
**"Pero nunca pienses en venir aquí otra vez"**
"men tænk aldrig på at komme her igen"
**"Adiós bella, adiós bestia", respondió.**
"Farvel skønhed, afskedsdyr," svarede han
**Y de inmediato el monstruo se retiró.**
og straks trak monsteret sig tilbage
**"Oh, hija", dijo el comerciante.**
"Åh, datter," sagde købmanden
**y abrazó a su hija una vez más**
og han omfavnede sin datter endnu en gang
**"Estoy casi muerto de miedo"**
"Jeg er næsten dødsangst"
**"Créeme, será mejor que regreses"**
"tro mig, du må hellere gå tilbage"
**"déjame quedarme aquí, en tu lugar"**
"lad mig blive her i stedet for dig"
**—No, padre —dijo Bella con tono decidido.**
"Nej, far," sagde skønhed i en resolut tone
**"Partirás mañana por la mañana"**
"du skal afsted i morgen tidlig"
**"déjame al cuidado y protección de la providencia"**
"overlad mig til forsynets omsorg og beskyttelse"
**Aún así se fueron a la cama**
ikke desto mindre gik de i seng
**Pensaron que no cerrarían los ojos en toda la noche.**
de troede, at de ikke ville lukke øjnene hele natten
**pero justo cuando se acostaron se durmieron**
men lige som de lagde sig, sov de

**Bella soñó que una bella dama se acercó y le dijo:**
skønhed drømte en fin dame kom og sagde til hende:
**"Estoy contento, bella, con tu buena voluntad"**
"Jeg er tilfreds, skønhed, med din gode vilje"
**"Esta buena acción tuya no quedará sin recompensa"**
"Denne gode handling skal ikke forblive ubelønnet"
**Bella se despertó y le contó a su padre su sueño.**
skønhed vågnede og fortalte sin far sin drøm
**El sueño ayudó a consolarlo un poco.**
drømmen var med til at trøste ham lidt
**Pero no pudo evitar llorar amargamente mientras se marchaba.**
men han kunne ikke lade være med at græde bittert, da han gik
**Tan pronto como se fue, Bella se sentó en el gran salón y lloró también.**
så snart han var væk, satte skønheden sig i den store sal og græd også
**Pero ella decidió no sentirse inquieta.**
men hun besluttede sig for ikke at være urolig
**Ella decidió ser fuerte por el poco tiempo que le quedaba de vida.**
hun besluttede at være stærk i den lille tid, hun havde tilbage at leve
**Porque creía firmemente que la bestia la comería.**
fordi hun troede fuldt og fast på, at udyret ville æde hende
**Sin embargo, pensó que también podría explorar el palacio.**
dog tænkte hun, at hun lige så godt kunne udforske paladset
**y ella quería ver el hermoso castillo**
og hun ville se det fine slot
**Un castillo que no pudo evitar admirar.**
et slot, som hun ikke kunne lade være med at beundre
**Era un palacio deliciosamente agradable.**
det var et dejligt behageligt palads
**y ella se sorprendió muchísimo al ver una puerta**
og hun var meget overrasket over at se en dør

**Y sobre la puerta estaba escrito que era su habitación.**
og over døren stod der skrevet, at det var hendes værelse
**Ella abrió la puerta apresuradamente**
hun åbnede hastigt døren
**y ella quedó completamente deslumbrada con la magnificencia de la habitación.**
og hun var ret forblændet af rummets storhed
**Lo que más le llamó la atención fue una gran biblioteca.**
det, der først og fremmest optog hendes opmærksomhed, var et stort bibliotek
**Un clavicémbalo y varios libros de música.**
en cembalo og flere nodebøger
**"Bueno", se dijo a sí misma.**
"Nå," sagde hun til sig selv
**"Veo que la bestia no dejará que mi tiempo cuelgue pesadamente"**
"Jeg kan se, at udyret ikke vil lade min tid hænge tungt"
**Entonces reflexionó sobre su situación.**
så reflekterede hun for sig selv over sin situation
**"Si me hubiera quedado un día, todo esto no estaría aquí"**
"Hvis det var meningen, at jeg skulle blive en dag, ville alt dette ikke være her"
**Esta consideración le inspiró nuevo coraje.**
denne betragtning inspirerede hende med nyt mod
**y tomó un libro de su nueva biblioteca**
og hun tog en bog fra sit nye bibliotek
**y leyó estas palabras en letras doradas:**
og hun læste disse ord med gyldne bogstaver:
**"Bienvenida Bella, destierra el miedo"**
"Velkommen skønhed, forvis frygt"
**"Eres reina y señora aquí"**
"Du er dronning og elskerinde her"
**"Di tus deseos, di tu voluntad"**
"Sig dine ønsker, sig din vilje"
**"Aquí la obediencia rápida cumple tus deseos"**
"Hurtig lydighed opfylder dine ønsker her"

"¡Ay!", dijo ella con un suspiro.
"Ak," sagde hun med et suk
"Lo que más deseo es ver a mi pobre padre"
"Mest af alt ønsker jeg at se min stakkels far"
"y me gustaría saber qué está haciendo"
"og jeg vil gerne vide, hvad han laver"
**Tan pronto como dijo esto se dio cuenta del espejo.**
Så snart hun havde sagt dette, lagde hun mærke til spejlet
**Para su gran asombro, vio su propia casa en el espejo.**
til sin store forbavselse så hun sit eget hjem i spejlet
**Su padre llegó emocionalmente agotado.**
hendes far ankom følelsesmæssigt udmattet
**Sus hermanas fueron a recibirlo**
hendes søstre gik ham i møde
**A pesar de sus intentos de parecer tristes, su alegría era visible.**
på trods af deres forsøg på at fremstå sorgfulde, var deres glæde synlig
**Un momento después todo desapareció**
et øjeblik efter forsvandt alt
**Y las aprensiones de Bella también desaparecieron.**
og skønhedens betænkeligheder forsvandt også
**porque sabía que podía confiar en la bestia**
for hun vidste, at hun kunne stole på dyret
**Al mediodía encontró la cena lista.**
Ved middagstid fandt hun aftensmaden klar
**Ella se sentó a la mesa**
hun satte sig ved bordet
**y se entretuvo con un concierto de música**
og hun blev underholdt med en musikkoncert
**Aunque no podía ver a nadie**
selvom hun ikke kunne se nogen
**Por la noche se sentó a cenar otra vez**
om natten satte hun sig til aftensmad igen
**Esta vez escuchó el ruido que hizo la bestia.**
denne gang hørte hun den larm, dyret lavede

**y ella no pudo evitar estar aterrorizada**
og hun kunne ikke lade være med at blive rædselsslagen
**"belleza", dijo el monstruo**
"skønhed," sagde monsteret
**"¿Me permites comer contigo?"**
"tillader du mig at spise med dig?"
**"Haz lo que quieras", respondió Bella temblando.**
"gør som du vil," svarede skønheden skælvende
**"No", respondió la bestia.**
"Nej," svarede udyret
**"Sólo tú eres la señora aquí"**
"Du alene er elskerinde her"
**"Puedes despedirme si soy problemático"**
"du kan sende mig væk, hvis jeg er besværlig"
**"Despídeme y me retiraré inmediatamente"**
"send mig væk, og jeg trækker mig straks"
**-Pero dime, ¿no te parece que soy muy fea?**
"Men sig mig, synes du ikke, jeg er meget grim?"
**"Eso es verdad", dijo Bella.**
"Det er sandt," sagde skønhed
**"No puedo decir una mentira"**
"Jeg kan ikke lyve"
**"Pero creo que tienes muy buen carácter"**
"men jeg tror du er meget godmodig"
**"Sí, lo soy", dijo el monstruo.**
"Det er jeg sandelig," sagde monsteret
**"Pero aparte de mi fealdad, tampoco tengo sentido"**
"Men bortset fra min grimhed, så har jeg heller ingen forstand"
**"Sé muy bien que soy una criatura tonta"**
"Jeg ved godt, at jeg er et fjollet væsen"
**—No es ninguna locura pensar así —replicó Bella.**
"Det er intet tegn på dårskab at tænke sådan," svarede skønhed
**"Come entonces, bella", dijo el monstruo.**
"Spis da, skønhed," sagde monsteret
**"Intenta divertirte en tu palacio"**

"Prøv at more dig selv i dit palads"
**"Todo aquí es tuyo"**
"alt her er dit"
**"Y me sentiría muy incómodo si no fueras feliz"**
"og jeg ville være meget urolig, hvis du ikke var glad"
-Eres muy servicial -respondió Bella.
"Du er meget imødekommende," svarede skønhed
**"Admito que estoy complacido con su amabilidad"**
"Jeg indrømmer, at jeg er glad for din venlighed"
**"Y cuando considero tu bondad, apenas noto tus deformidades"**
"og når jeg tænker på din venlighed, lægger jeg næsten ikke mærke til dine misdannelser"
**"Sí, sí", dijo la bestia, "mi corazón es bueno".**
"Ja, ja," sagde udyret, "mit hjerte er godt
**"Pero aunque soy bueno, sigo siendo un monstruo"**
"men selvom jeg er god, er jeg stadig et monster"
**"Hay muchos hombres que merecen ese nombre más que tú"**
"Der er mange mænd, der fortjener det navn mere end dig"
**"Y te prefiero tal como eres"**
"og jeg foretrækker dig lige som du er"
**"y te prefiero más que a aquellos que esconden un corazón ingrato"**
"og jeg foretrækker dig mere end dem, der skjuler et utaknemmeligt hjerte"
**"Si tuviera algo de sentido común", respondió la bestia.**
"hvis jeg bare havde lidt forstand," svarede udyret
**"Si tuviera sentido común, te haría un buen cumplido para agradecerte"**
"hvis jeg havde fornuft, ville jeg give et fint kompliment for at takke dig"
**"Pero soy tan aburrida"**
"men jeg er så kedelig"
**"Sólo puedo decir que le estoy muy agradecido"**
"Jeg kan kun sige, at jeg er meget taknemmelig over for dig"
**Bella comió una cena abundante**

skønhed spiste en solid aftensmad
**y ella casi había superado su miedo al monstruo**
og hun havde næsten overvundet sin frygt for uhyret
**Pero ella quería desmayarse cuando la bestia le hizo la siguiente pregunta.**
men hun ville besvime, da udyret stillede hende det næste spørgsmål
**"Belleza, ¿quieres ser mi esposa?"**
"skønhed, vil du være min kone?"
**Ella tardó un tiempo antes de poder responder.**
hun tog noget tid, før hun kunne svare
**Porque tenía miedo de hacerlo enojar**
fordi hun var bange for at gøre ham vred
**Al final, sin embargo, dijo: "No, bestia".**
til sidst sagde hun dog "nej, udyr"
**Inmediatamente el pobre monstruo silbó muy espantosamente.**
straks hvæsede det stakkels monster meget forfærdeligt
**y todo el palacio hizo eco**
og hele paladset genlød
**Pero Bella pronto se recuperó de su susto.**
men skønheden kom sig hurtigt over sin forskrækkelse
**porque la bestia volvió a hablar con voz triste**
fordi udyret talte igen med en sørgelig stemme
**"Entonces adiós, belleza"**
"så farvel, skønhed"
**y sólo se volvía de vez en cuando**
og han vendte kun tilbage nu og da
**mirarla mientras salía**
at se på hende, mens han gik ud
**Ahora Bella estaba sola otra vez**
nu var skønheden atter alene
**Ella sintió mucha compasión**
hun følte en stor medfølelse
**"Ay, es una lástima"**
"Ak, det er tusind synd"

"algo tan bueno no debería ser tan feo"
"alt så godmodigt burde ikke være så grimt"
**Bella pasó tres meses muy contenta en palacio.**
skønhed tilbragte tre måneder meget tilfreds i paladset
**Todas las noches la bestia le hacía una visita.**
hver aften aflagde dyret hende et besøg
**y hablaron durante la cena**
og de talte sammen under aftensmaden
**Hablaban con sentido común**
de talte med sund fornuft
**Pero no hablaban con lo que la gente llama ingenio.**
men de talte ikke med, hvad folk kalder vittighed
**Bella siempre descubre algún carácter valioso en la bestia.**
skønhed opdagede altid en værdifuld karakter i udyret
**y ella se había acostumbrado a su deformidad**
og hun havde vænnet sig til hans misdannelse
**Ella ya no temía el momento de su visita.**
hun frygtede ikke længere tidspunktet for hans besøg
**Ahora a menudo miraba su reloj.**
nu så hun ofte på sit ur
**y ella no podía esperar a que fueran las nueve en punto**
og hun kunne ikke vente til klokken blev ni
**Porque la bestia nunca dejaba de venir a esa hora**
fordi udyret aldrig savnede at komme i den time
**Sólo había una cosa que preocupaba a Bella.**
der var kun én ting, der vedrørte skønhed
**Todas las noches antes de irse a dormir la bestia le hacía la misma pregunta.**
hver aften før hun gik i seng, stillede udyret hende det samme spørgsmål
**El monstruo le preguntó si sería su esposa.**
monsteret spurgte hende, om hun ville være hans kone
**Un día ella le dijo: "bestia, me pones muy nerviosa"**
en dag sagde hun til ham, "dyr, du gør mig meget utryg"
**"Me gustaría poder consentir en casarme contigo"**
"Jeg ville ønske, jeg kunne give samtykke til at gifte mig med

dig"
**"Pero soy demasiado sincero para hacerte creer que me casaría contigo"**
"men jeg er for oprigtig til at få dig til at tro, at jeg ville gifte mig med dig"
**"nuestro matrimonio nunca se realizará"**
"vores ægteskab vil aldrig ske"
**"Siempre te veré como un amigo"**
"Jeg vil altid se dig som en ven"
**"Por favor, trate de estar satisfecho con esto"**
"Prøv venligst at være tilfreds med dette"
**"Debo estar satisfecho con esto", dijo la bestia.**
"Det må jeg være tilfreds med," sagde udyret
**"Conozco mi propia desgracia"**
"Jeg kender min egen ulykke"
**"pero te amo con el más tierno cariño"**
"men jeg elsker dig med den ømmeste hengivenhed"
**"Sin embargo, debo considerarme feliz"**
"Men jeg burde betragte mig selv som lykkelig"
**"Y me alegraría que te quedaras aquí"**
"og jeg skulle være glad for, at du bliver her"
**"Prométeme que nunca me dejarás"**
"lov mig aldrig at forlade mig"
**Bella se sonrojó ante estas palabras.**
skønheden rødmede ved disse ord
**Un día Bella se estaba mirando en el espejo.**
en dag kiggede skønheden i sit spejl
**Su padre se había preocupado muchísimo por ella.**
hendes far havde bekymret sig syg for hende
**Ella anhelaba verlo de nuevo más que nunca.**
hun længtes mere end nogensinde efter at se ham igen
**"Podría prometerte que nunca te abandonaré por completo"**
"Jeg kunne love aldrig at forlade dig helt"
**"Pero tengo un deseo tan grande de ver a mi padre"**
"men jeg har så stort et ønske om at se min far"
**"Me molestaría muchísimo si dijeras que no"**

"Jeg ville være umuligt ked af det, hvis du siger nej"
**"Preferiría morir yo mismo", dijo el monstruo.**
"Jeg ville hellere dø selv," sagde monsteret
**"Prefiero morir antes que hacerte sentir incómodo"**
"Jeg vil hellere dø end at få dig til at føle ubehag"
**"Te enviaré con tu padre"**
"Jeg sender dig til din far"
**"permanecerás con él"**
"du skal blive hos ham"
**"y esta desafortunada bestia morirá de pena en su lugar"**
"og dette uheldige udyr vil dø af sorg i stedet"
**"No", dijo Bella, llorando.**
"Nej," sagde skønheden og græd
**"Te amo demasiado para ser la causa de tu muerte"**
"Jeg elsker dig for højt til at være årsagen til din død"
**"Te doy mi promesa de regresar en una semana"**
"Jeg giver dig mit løfte om at vende tilbage om en uge"
**"Me has demostrado que mis hermanas están casadas"**
"Du har vist mig, at mine søstre er gift"
**"y mis hermanos se han ido al ejército"**
"og mine brødre er gået til hæren"
**"déjame quedarme una semana con mi padre, ya que está solo"**
"lad mig blive en uge hos min far, da han er alene"
**"Estarás allí mañana por la mañana", dijo la bestia.**
"Du skal være der i morgen tidlig," sagde udyret
**"pero recuerda tu promesa"**
"men husk dit løfte"
**"Solo tienes que dejar tu anillo sobre una mesa antes de irte a dormir"**
"Du behøver kun lægge din ring på et bord, før du går i seng"
**"Y luego serás traído de regreso antes de la mañana"**
"og så bliver du bragt tilbage inden morgenen"
**"Adiós querida belleza", suspiró la bestia.**
"Farvel kære skønhed," sukkede udyret
**Bella se fue a la cama muy triste esa noche.**

skønhed gik meget trist i seng den aften
**Porque no quería ver a la bestia tan preocupada.**
fordi hun ikke ville se udyret så bekymret
**A la mañana siguiente se encontró en la casa de su padre.**
næste morgen befandt hun sig i sin fars hjem
**Ella hizo sonar una campanita junto a su cama.**
hun ringede med en lille klokke ved sin seng
**y la criada dio un grito fuerte**
og tjenestepigen gav et højt skrig
**y su padre corrió escaleras arriba**
og hendes far løb ovenpå
**Él pensó que iba a morir de alegría.**
han troede, han skulle dø af glæde
**La sostuvo en sus brazos durante un cuarto de hora.**
han holdt hende i sine arme i et kvarter
**Finalmente los primeros saludos terminaron.**
til sidst var de første hilsener forbi
**Bella empezó a pensar en levantarse de la cama.**
skønhed begyndte at tænke på at komme ud af sengen
**pero se dio cuenta de que no había traído ropa**
men hun indså, at hun ikke havde medbragt noget tøj
**pero la criada le dijo que había encontrado una caja**
men tjenestepigen fortalte hende, at hun havde fundet en æske
**El gran baúl estaba lleno de vestidos y batas.**
den store bagagerum var fuld af kjoler og kjoler
**Cada vestido estaba cubierto de oro y diamantes.**
hver kjole var beklædt med guld og diamanter
**Bella agradeció a la Bestia por su amable atención.**
skønheden takkede dyret for hans venlige omsorg
**y tomó uno de los vestidos más sencillos**
og hun tog en af de mest almindelige kjoler
**Ella tenía la intención de regalar los otros vestidos a sus hermanas.**
hun havde til hensigt at give de andre kjoler til sine søstre
**Pero ante ese pensamiento el arcón de ropa desapareció.**
men ved den tanke forsvandt tøjskrinet

**La bestia había insistido en que la ropa era solo para ella.**
beast havde insisteret på, at tøjet kun var til hende
**Su padre le dijo que ese era el caso.**
hendes far fortalte hende, at det var tilfældet
**Y enseguida volvió el baúl de la ropa.**
og straks kom tøjstammen tilbage igen
**Bella se vistió con su ropa nueva**
skønheden klædte sig selv med sit nye tøj
**Y mientras tanto las doncellas fueron a buscar a sus hermanas.**
og i mellemtiden gik tjenestepigerne for at finde hendes søstre
**Ambas hermanas estaban con sus maridos.**
begge hendes søster var sammen med deres mænd
**Pero sus dos hermanas estaban muy infelices.**
men begge hendes søstre var meget ulykkelige
**Su hermana mayor se había casado con un caballero muy guapo.**
hendes ældste søster havde giftet sig med en meget smuk herre
**Pero estaba tan enamorado de sí mismo que descuidó a su esposa.**
men han var så glad for sig selv, at han forsømte sin kone
**Su segunda hermana se había casado con un hombre ingenioso.**
hendes anden søster havde giftet sig med en vittig mand
**Pero usó su ingenio para atormentar a la gente.**
men han brugte sit vidnesbyrd til at plage folk
**Y atormentaba a su esposa sobre todo.**
og han plagede sin kone mest af alt
**Las hermanas de Bella la vieron vestida como una princesa**
skønhedens søstre så hende klædt ud som en prinsesse
**y se enfermaron de envidia**
og de blev syge af misundelse
**Ahora estaba más bella que nunca**
nu var hun smukkere end nogensinde
**Su comportamiento cariñoso no pudo sofocar sus celos.**

hendes kærlige adfærd kunne ikke kvæle deres jalousi
**Ella les contó lo feliz que estaba con la bestia.**
hun fortalte dem, hvor glad hun var med udyret
**y sus celos estaban a punto de estallar**
og deres jalousi var klar til at briste
**Bajaron al jardín a llorar su desgracia.**
De gik ned i haven for at græde over deres ulykke
"**¿En qué sentido esta pequeña criatura es mejor que nosotros?**"
"På hvilken måde er dette lille væsen bedre end os?"
"**¿Por qué debería estar mucho más feliz?**"
"Hvorfor skulle hun være så meget gladere?"
"**Hermana**", **dijo la hermana mayor.**
"Søster," sagde den ældre søster
"**Un pensamiento acaba de golpear mi mente**"
"en tanke slog mig lige"
"**Intentemos mantenerla aquí más de una semana**"
"lad os prøve at holde hende her i mere end en uge"
"**Quizás esto enfurezca al tonto monstruo**"
"måske vil dette gøre det fjollede monster rasende"
"**porque ella hubiera faltado a su palabra**"
"fordi hun ville have brudt sit ord"
"**y entonces podría devorarla**"
"og så kan han fortære hende"
"**Esa es una gran idea**", **respondió la otra hermana.**
"det er en god idé," svarede den anden søster
"**Debemos mostrarle la mayor amabilidad posible**"
"vi skal vise hende så meget venlighed som muligt"
**Las hermanas tomaron esta resolución**
søstrene gjorde dette til deres beslutning
**y se comportaron con mucho cariño con su hermana**
og de opførte sig meget kærligt over for deres søster
**La pobre belleza lloró de alegría por toda su bondad.**
stakkels skønhed græd af glæde af al deres venlighed
**Cuando la semana se cumplió, lloraron y se arrancaron el pelo.**

da ugen var udløbet, græd de og rev deres hår
**Parecían muy apenados por separarse de ella.**
de virkede så kede af at skille sig af med hende
**y Bella prometió quedarse una semana más**
og skønhed lovede at blive en uge længere
**Mientras tanto, Bella no pudo evitar reflexionar sobre sí misma.**
I mellemtiden kunne skønhed ikke lade være med at reflektere over sig selv
**Ella se preocupaba por lo que le estaba haciendo a la pobre bestia.**
hun bekymrede sig om, hvad hun gjorde ved det stakkels udyr
**Ella sabía que lo amaba sinceramente.**
hun ved, at hun oprigtigt elskede ham
**Y ella realmente anhelaba verlo otra vez.**
og hun længtes virkelig efter at se ham igen
**La décima noche también la pasó en casa de su padre.**
den tiende nat tilbragte hun også hos sin far
**Ella soñó que estaba en el jardín del palacio.**
hun drømte, hun var i slotshaven
**y soñó que veía a la bestia extendida sobre la hierba**
og hun drømte, at hun så dyret udstrakt på græsset
**Parecía reprocharle con voz moribunda**
han syntes at bebrejde hende med en døende stemme
**y la acusó de ingratitud**
og han anklagede hende for utaknemmelighed
**Bella se despertó de su sueño.**
skønhed vågnede op af sin søvn
**y ella estalló en lágrimas**
og hun brød ud i gråd
**"¿No soy muy malvado?"**
"Er jeg ikke meget ond?"
**"¿No fue cruel de mi parte actuar tan cruelmente con la bestia?"**
"Var det ikke grusomt af mig at handle så uvenligt mod

udyret?"
**"La bestia hizo todo lo posible para complacerme"**
"dyr gjorde alt for at behage mig"
**-¿Es culpa suya que sea tan feo?**
"Er det hans skyld, at han er så grim?"
**¿Es culpa suya que tenga tan poco ingenio?**
"Er det hans skyld, at han har så lidt vid?"
**"Él es amable y bueno, y eso es suficiente"**
"Han er venlig og god, og det er nok"
**"¿Por qué me negué a casarme con él?"**
"Hvorfor nægtede jeg at gifte mig med ham?"
**"Debería estar feliz con el monstruo"**
"Jeg burde være glad for monsteret"
**"Mira los maridos de mis hermanas"**
"se på mine søstres mænd"
**"ni el ingenio ni la belleza los hacen buenos"**
"hverken vidnesbyrd eller et smukt væsen gør dem gode"
**"Ninguno de sus maridos las hace felices"**
"ingen af deres mænd gør dem lykkelige"
**"pero virtud, dulzura de carácter y paciencia"**
"men dyd, sødme af temperament og tålmodighed"
**"Estas cosas hacen feliz a una mujer"**
"disse ting gør en kvinde glad"
**"y la bestia tiene todas estas valiosas cualidades"**
"og udyret har alle disse værdifulde egenskaber"
**"Es cierto; no siento la ternura del afecto por él"**
"det er sandt; jeg føler ikke den ømhed af hengivenhed for ham"
**"Pero encuentro que tengo la más alta gratitud por él"**
"men jeg synes, jeg har den største taknemmelighed for ham"
**"y tengo por él la más alta estima"**
"og jeg har den højeste agtelse af ham"
**"y él es mi mejor amigo"**
"og han er min bedste ven"
**"No lo haré miserable"**
"Jeg vil ikke gøre ham ulykkelig"

"Si fuera tan desagradecido nunca me lo perdonaría"
"Hvis jeg skulle være så utaknemmelig, ville jeg aldrig tilgive mig selv"
**Bella puso su anillo sobre la mesa.**
skønhed satte sin ring på bordet
**y ella se fue a la cama otra vez**
og hun gik i seng igen
**Apenas estaba en la cama cuando se quedó dormida.**
knap var hun i seng, før hun faldt i søvn
**Ella se despertó de nuevo a la mañana siguiente.**
hun vågnede igen næste morgen
**Y ella estaba muy contenta de encontrarse en el palacio de la bestia.**
og hun var overlykkelig over at finde sig selv i udyrets palads
**Ella se puso uno de sus vestidos más bonitos para complacerlo.**
hun tog en af sine pæneste kjoler på for at glæde ham
**y ella esperó pacientemente la tarde**
og hun ventede tålmodigt på aftenen
**llegó la hora deseada**
kom den ønskede time
**El reloj dio las nueve, pero ninguna bestia apareció**
klokken slog ni, dog dukkede intet dyr op
**Bella entonces temió haber sido la causa de su muerte.**
skønhed frygtede da, at hun havde været årsagen til hans død
**Ella corrió llorando por todo el palacio.**
hun løb grædende rundt i paladset
**Después de haberlo buscado por todas partes, recordó su sueño.**
efter at have søgt efter ham overalt, huskede hun sin drøm
**y ella corrió hacia el canal en el jardín**
og hun løb til kanalen i haven
**Allí encontró a la pobre bestia tendida.**
der fandt hun det stakkels udstrakte dyr
**y estaba segura de que lo había matado**
og hun var sikker på, at hun havde dræbt ham

**Ella se arrojó sobre él sin ningún temor.**
hun kastede sig over ham uden nogen frygt
**Su corazón todavía latía**
hans hjerte bankede stadig
**Ella fue a buscar un poco de agua al canal.**
hun hentede noget vand fra kanalen
**y derramó el agua sobre su cabeza**
og hun hældte Vandet over hans Hoved
**La bestia abrió los ojos y le habló a Bella.**
udyret åbnede sine øjne og talte til skønheden
**"Olvidaste tu promesa"**
"Du har glemt dit løfte"
**"Me rompió el corazón haberte perdido"**
"Jeg var så knust at have mistet dig"
**"Resolví morirme de hambre"**
"Jeg besluttede at sulte mig selv"
**"pero tengo la felicidad de verte una vez más"**
"men jeg har den lykke at se dig igen"
**"Así tengo el placer de morir satisfecho"**
"så jeg har fornøjelsen af at dø tilfreds"
**"No, querida bestia", dijo Bella, "no debes morir".**
"Nej, kære dyr," sagde skønhed, "du må ikke dø"
**"Vive para ser mi marido"**
"Leve for at være min mand"
**"Desde este momento te doy mi mano"**
"fra dette øjeblik giver jeg dig min hånd"
**"Y juro no ser nadie más que tuyo"**
"og jeg sværger ikke at være andet end din"
**"¡Ay! Creí que sólo tenía una amistad para ti"**
"Ak! Jeg troede, jeg kun havde et venskab til dig"
**"Pero el dolor que ahora siento me convence;"**
"men den sorg, jeg nu føler, overbeviser mig;
**"No puedo vivir sin ti"**
"Jeg kan ikke leve uden dig"
**Bella apenas había dicho estas palabras cuando vio una luz.**
skønhed havde knap sagt disse ord, da hun så et lys

**El palacio brillaba con luz**
paladset funklede af lys
**Los fuegos artificiales iluminaron el cielo**
fyrværkeri lyste himlen op
**y el aire se llenó de música**
og luften fyldt med musik
**Todo daba aviso de algún gran acontecimiento**
alt gav besked om en stor begivenhed
**Pero nada podía captar su atención.**
men intet kunne holde hendes opmærksomhed
**Ella se volvió hacia su querida bestia.**
hun vendte sig mod sit kære udyr
**La bestia por la que ella temblaba de miedo**
dyret, for hvem hun skælvede af frygt
**¡Pero su sorpresa fue grande por lo que vio!**
men hendes overraskelse var stor over, hvad hun så!
**La bestia había desaparecido**
udyret var forsvundet
**En cambio, vio al príncipe más encantador.**
i stedet så hun den dejligste prins
**Ella había puesto fin al hechizo.**
hun havde sat en stopper for fortryllelsen
**Un hechizo bajo el cual se parecía a una bestia.**
en besværgelse, hvorunder han lignede et udyr
**Este príncipe era digno de toda su atención.**
denne prins var al hendes opmærksomhed værdig
**Pero no pudo evitar preguntar dónde estaba la bestia.**
men hun kunne ikke lade være med at spørge, hvor udyret var
**"Lo ves a tus pies", dijo el príncipe.**
"Du ser ham for dine fødder," sagde prinsen
**"Un hada malvada me había condenado"**
"En ond fe havde fordømt mig"
**"Debía permanecer en esa forma hasta que una hermosa princesa aceptara casarse conmigo"**
"Jeg skulle forblive i den form, indtil en smuk prinsesse sagde

ja til at gifte sig med mig"
**"El hada ocultó mi entendimiento"**
"feen skjulte min forståelse"
**"Fuiste el único lo suficientemente generoso como para quedar encantado con la bondad de mi temperamento"**
"du var den eneste generøs nok til at blive charmeret af mit temperament"
**Bella quedó felizmente sorprendida**
skønhed blev glad overrasket
**Y le dio la mano al príncipe encantador.**
og hun gav den charmerende prins sin hånd
**Entraron juntos al castillo**
de gik sammen ind i slottet
**Y Bella se alegró mucho al encontrar a su padre en el castillo.**
og skønheden glædede sig over at finde sin far på slottet
**y toda su familia estaba allí también**
og hele hendes familie var der også
**Incluso Bella dama que apareció en su sueño estaba allí.**
selv den smukke dame, der dukkede op i hendes drøm, var der
**"Belleza", dijo la dama del sueño.**
"skønhed," sagde damen fra drømmen
**"ven y recibe tu recompensa"**
"kom og modtag din belønning"
**"Has preferido la virtud al ingenio o la apariencia"**
"du har foretrukket dyd frem for vid eller udseende"
**"Y tú mereces a alguien en quien se unan estas cualidades"**
"og du fortjener nogen, i hvem disse kvaliteter er forenet"
**"vas a ser una gran reina"**
"du bliver en stor dronning"
**"Espero que el trono no disminuya vuestra virtud"**
"Jeg håber, at tronen ikke vil mindske din dyd"
**Entonces el hada se volvió hacia las dos hermanas.**
så vendte feen sig mod de to søstre
**"He visto dentro de vuestros corazones"**
"Jeg har set i jeres hjerter"

"Y sé toda la malicia que contienen vuestros corazones"
"og jeg kender al den ondskab dine hjerter indeholder"
**"Ustedes dos se convertirán en estatuas"**
"I to bliver til statuer"
**"pero mantendréis vuestras mentes"**
"men du vil holde dit sind"
**"estarás a las puertas del palacio de tu hermana"**
"du skal stå ved porten til din søsters palads"
**"La felicidad de tu hermana será tu castigo"**
"din søsters lykke skal være din straf"
**"No podréis volver a vuestros antiguos estados"**
"du vil ikke være i stand til at vende tilbage til dine tidligere stater"
**"A menos que ambos admitan sus errores"**
"medmindre I begge indrømmer jeres fejl"
**"Pero preveo que siempre permaneceréis como estatuas"**
"men jeg er forudset, at I altid vil forblive statuer"
**"El orgullo, la ira, la gula y la ociosidad a veces se vencen"**
"Stolthed, vrede, frådseri og lediggang bliver nogle gange overvundet"
**" pero la conversión de las mentes envidiosas y maliciosas son milagros"**
" men omvendelse af misundelige og ondsindede sind er mirakler"
**Inmediatamente el hada dio un golpe con su varita.**
straks gav feen et slag med sin tryllestav
**Y en un momento todos los que estaban en el salón fueron transportados.**
og i et øjeblik blev alle, der var i salen, transporteret
**Habían entrado en los dominios del príncipe.**
de var gået ind i fyrstens herredømme
**Los súbditos del príncipe lo recibieron con alegría.**
prinsens undersåtter tog imod ham med glæde
**El sacerdote casó a Bella y la bestia**
præsten giftede sig med skønheden og udyret
**y vivió con ella muchos años**

og han boede hos hende i mange år
**y su felicidad era completa**
og deres lykke var fuldstændig
**porque su felicidad estaba fundada en la virtud**
fordi deres lykke var baseret på dyd

**El fin**
Slutningen

**www.tranzlaty.com**

www.ingramcontent.com/pod-product-compliance
Lightning Source LLC
Chambersburg PA
CBHW010611100526
44585CB00038B/2614